Kreative Filzideen

Mariane Curkovic
Ute Krämer

Filz – ein sinnliches Material im Trend.

Filz fühlt sich unglaublich angenehm an und ist zurzeit überaus modern. In diesem Buch finden Sie kreative Filzideen, die Ihre Wohnung zieren, als Accessoires immer mit dabei sind und mit denen Sie lieben Menschen eine Freude machen können! Ruck, zuck gemacht und sehr wirkungsvoll!

Sie haben wenig Zeit, finden die neuen Wohnraumdekorationen und Trendaccessoires aus Filz aber trotzdem wunderschön und würden diese gerne selbst machen, entweder zum Verschenken oder zum selbst behalten? Dann ist dieses Buch genau das Richtige für Sie! Die gezeigten Modelle lassen sich alle in höchstens zwei Stunden nacharbeiten, viele auch schneller. Bald zieren die Objekte auch Ihre Wohnung oder sind als Tasche, Handyhülle und mehr immer mit dabei.

So wird's gemacht

MATERIALIEN,

die für viele der Objekte benötigt und in den einzelnen Materiallisten nicht mehr aufgeführt werden.

- Lineal
- Bleistift
- Radiergummi
- feiner Faserschreiber in Schwarz (zum Übertragen auf hellen Filz)
- Schneiderkreide (zum Übertragen auf dunklen Filz)
- scharfe Stoffschere
- kleine Nagelschere
- Nähnadel
- Nähgarn in passenden Farben
- Stecknadeln
- ggf. Perlennadel
- Klebestift
- Heißklebepistole/Holzleim
- Transparentpapier
- dünner Karton
- Schneideunterlage
- Lochzange

HINWEIS

Unter „Rest" wird immer ein Stück verstanden, das maximal A5 groß ist.

FILZARTEN

Filzstoffe sind in verschiedenen Farben, Qualitäten und Größen erhältlich. In diesem Buch werden hauptsächlich folgende Filzarten verwendet:

- Bastelfilz: 0,8 mm bis 1 mm stark und in den Größen 20 cm x 30 cm oder als Meterware 45 cm x max. 5 m im Bastelfachhandel und in Stoffgeschäften erhältlich.
- Dünner Wollfilz: ca. 2 mm stark und in der Größe 20 cm x 30 cm (manchmal auch in anderen Formaten) im gut sortierten Bastelfachhandel oder über das Internet zu bekommen.
- Textilfilz: 4 mm stark und als 30 cm x 45 cm große Platte im Bastelfachhandel erhältlich.
- Fertig nassgefilzte Platte: ca. 4 mm bis 5 mm stark und im gut sortierten Bastelfachhandel oder über das Internet in einer Größe von 40 cm x 60 cm erhältlich. Nassgefilzte Platten haben eine interessante, lebendige Oberfläche.

HINWEIS

Wollfilz und fertig nassgefilzte Platten sind teilweise schwer erhältlich. Deshalb sind hier in den Materiallisten Alternativvorschläge aufgeführt.

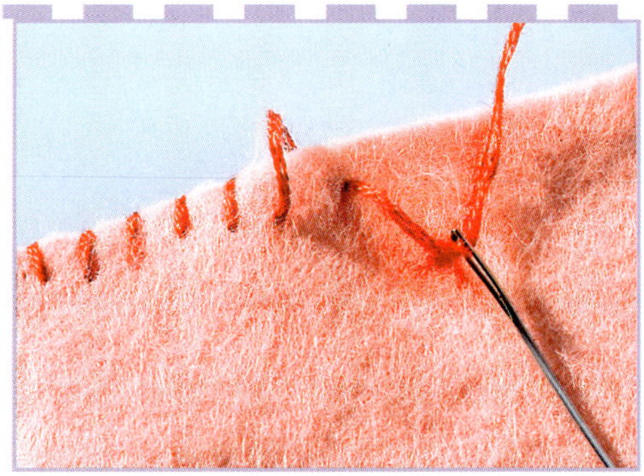

VORLAGEN ÜBERTRAGEN

Das gelingt am besten mithilfe von Schablonen. Dazu Transparentpapier auf die Vorlage legen und das Motiv abpausen. Dann das Transparentpapier auf dünnen Karton kleben und die Konturenlinien nachschneiden. Die Schablone auf den Filz legen und die Konturen mit dem Faserstift oder der Schneiderkreide nachzeichnen. Das Motiv mit einer Stoffschere ausschneiden.

FILZ ZUSAMMENNÄHEN

Die Filzteile mit Stecknadeln auf- oder aneinander stecken und dann entweder mit dem Steppstich oder mit der Nähmaschine zusammennähen. Dabei bei den Objekten, bei denen die Nähte nicht zu sehen sein sollen (z. B. bei den kleinen Herzen von Seite 35) die Zuschnitte links auf links legen und anschließend durch eine frei gelassene Öffnung wenden.

ÜBERWENDLINGSSTICH (ZIERNAHT)

Für außen sichtbare und dekorative Nähte wird dieser einfache, aber wirkungsvolle Stich verwendet.

FILZ KLEBEN

Zum Aufkleben kleinerer Formen oder Figuren eignet sich ein gewöhnlicher Klebestift, der auf beide Filzoberflächen dünn aufgetragen wird. Dann die Teile gut zusammendrücken.
Werden größere Flächen geklebt (z. B. um Nähte zu ersetzen) eignet sich eine Heißklebepistole am besten. Ersatzweise können diese „Nahtstellen“ auch mit Holzleim gearbeitet werden. In dem Fall die Flächen während dem Trocknen zusätzlich mit Klammern fixieren und evtl. an unauffälligen Stellen mit wenigen Stichen zusammennähen.

ROCAILLES AUFNÄHEN

Am besten mit einer Perlennadel arbeiten. Nach jedem Stich durch den Filz eine Perle aufnehmen und wieder zurückstechen, so bleiben die Rocailles an dem dafür vorgesehenen Platz.

MIT DER NADEL FILZEN

Als Unterlage ein Stück Schaumstoff oder einen Spülschwamm benutzen. Aus der Filzwolle die benötigte Menge zupfen und die Form, z. B. ein kleines Kügelchen, vorformen. Dann das Motiv, auf das die Filzapplikation aufgebracht wird, auf die Unterlage legen und mit der senkrecht geführten Filznadel die Wolle mit einigen gezielten Stichen aufnadeln.

Raffiniertes Notizbuch

BASTELZEIT
90 Minuten

MATERIAL

- Bastelfilz in Dunkelgrün, 1 mm stark, 35 cm x 22 cm
- Bastelfilz in Hellgrün, 1 mm stark, 12 x 2 cm x 22 cm, 2 x 5 cm x 22 cm, 2 x 2 cm x 35 cm und Rest
- Bastelfilzreste in Gelb und Weiß, 1 mm stark
- doppeldickes Heft, A5
- Cutter

VORLAGE SEITE 40

Tipp

Statt einer Margerite können auch mehrere Margeriten angefertigt und aufgeklebt werden.

1. Mit dem Cutter zehn parallele, 31 cm lange Schlitze im Abstand von 2 cm in den dunkelgrünen Filz schneiden. Darauf achten, dass ringsherum ein exakt 2 cm breiter Rand verbleibt. Elf 2 cm x 22 cm große Filzstreifen abwechselnd einweben und die Enden an den dunkelgrünen Filz kleben. Darauf achten, dass sich alle Filzenden auf der selben Seite befinden.

2. Die beiden 35 cm langen Filzstreifen oben und unten über die fixierten Filzenden kleben. Die übrigen beiden 5 cm x 22 cm großen Filzstreifen auf die seitlichen Ränder kleben. Dabei nur an den äußeren Rändern Klebstoff auftragen, damit das Heft in die Laschen geschoben werden kann.

3. Die Margerite ausschneiden und mit Heißkleber fixieren. Das Lesezeichen aus dem hellgrünen Filzrest ausschneiden und das Ende oben mittig innen am Rand der Hülle festkleben.

0800 3629
477

Blumenkissen

BASTELZEIT
60 Minuten

MATERIAL
- fertig nassgefilzte Filzplatte in Gelb, 4 mm stark, 40 cm x 60 cm (alternativ: 2 Textilfilzplatten in Gelb, 4 mm stark, 45 cm x 30 cm)
- Textilfilzrest in Pink, 4 mm stark
- Bastelfilzrest in Hellgrün, 1 mm stark
- Füllwolle oder Füllwatte, 200 g bis 300 g

VORLAGE SEITE 40

Tipp

Spielen Sie mit verschiedenen Farbzusammenstellungen und stimmen Sie das Kissen so auf Ihre Wohnung ab.

1. Den gelben Filz aufeinander legen und so zuschneiden, dass zwei 25 cm x 30 cm große Rechtecke entstehen. Diese zusammenstecken und bis auf eine 10 cm lange Öffnung zusammennähen. Wenden, mit Füllwatte ausstopfen und die Öffnung schließen.

2. Für die Blüten vier 1,5 cm x 11 cm große und einen 1,5 cm x 6 cm großen Streifen aus dem pinkfarbenen Filz ausschneiden, einzeln aufrollen und mit zwei bis drei Stichen fixieren.

3. Die Blätter ausschneiden. Zusätzlich einen 2,5 cm breiten und 12 cm langen Streifen aus dem grünen Filz ausschneiden, um die Knospe wickeln und festnähen. Die Blätter am Stielansatz (gestrichelte Linie auf der Vorlage) etwas falten. Blätter, Blüten und die Knospe auf das Kissen nähen.

Blüten-Box

BASTELZEIT
60 Minuten

MATERIAL
- Textilfilz in Creme, 4 mm stark, 45 cm x 30 cm
- Textilfilzrest in Pink, 4 mm stark
- Bastelfilzreste in Lila, Gelb, Weiß und Grün
- Filzwollreste (oder Märchenwollreste) in Fuchsia, Gelb und Weiß
- Filznadel, mittel oder fein
- Schaumstoffunterlage, mind. 5 cm dick, oder Spülschwamm

VORLAGE SEITE 41

Tipp

Anstatt die kleinen Punkte aufzufilzen, können diese auch aus Bastelfilz ausgeschnitten und aufgeklebt werden.

1. Die Textilfilzplatte auf 30 cm x 32 cm zuschneiden. Aus jeder Ecke nach Vorlage ein Dreieck ausschneiden. Die Box zusammenklappen und die Laschen an den kurzen Seiten mit einigen Stichen befestigen.

2. Die Schmetterlinge, Ranken, Blätter und Blumen nach Vorlage ausschneiden. Die kleinen, farbigen Ringe und Punkte mithilfe der Filznadel aus Filzwolle auffilzen.

3. Die Ranken, Blüten und Blätter am oberen Rand der langen Seiten nach eigenem Geschmack verteilen und aufnähen. Die Schmetterlinge mit einigen Stichen auf die Befestigungspunkte der Laschen an den kurzen Seiten nähen.

Windlicht mit Rauten-Muster

BASTELZEIT
30 Minuten

MATERIAL
- Bastelfilz in hellem Apricot, 1 mm stark, 2 x 12 cm x 7 cm
- Bastelfilzrest in dunklem Apricot, 1 mm stark
- 4 Strasssteine in Rot, metallgefasst, ø 5 mm
- 2 Rocailles in Rot, ø 2 mm
- Nähgarn in Transparent

1. Aus dem Filz in dunklem Apricot vier 2 cm x 2 cm und zwei 1 cm x 1 cm große Quadrate ausschneiden. Auf die großen Quadrate mittig die Strasssteine aufkleben, auf die kleinen die Rocailles aufnähen. Dann die Quadrate auf die großen Filzstücke kleben. Dabei links und rechts einen 1 cm breiten Rand frei lassen.

2. Mit der Lochzange gleichmäßige Löcher am äußeren Rautenmuster entlang stanzen.

3. Die beiden großen Filzstücke mit dem Steppstich so zusammennähen, dass seitlich 1 cm breite Flügelchen entstehen.

Windlicht mit Paisley-Muster

BASTELZEIT
30 Minuten

MATERIAL
- Bastelfilz in Violett, 1 mm stark, 2 x 12 cm x 7 cm
- Bastelfilzrest in Flieder, 1 mm stark
- 8 Pailletten in Lila, ø 6 mm
- 4 Rocailles in Transparent mit Silbereinzug, ø 2 mm
- Nähgarn in Transparent

VORLAGE SEITE 40

1. Die Ornamente aus dem fliederfarbenen Filz ausschneiden und auf die Filzstücke in Violett kleben. Mit der Lochzange Löcher am Ornamentrand entlang stanzen.

2. Die Pailletten mit einer Rocaille zusammen aufnähen, pro Seite zwei auf die Ornamente, zwei beliebig platziert.

3. Die beiden Filzstücke mit dem Steppstich so zusammennähen, dass seitlich 1 cm breite Flügelchen entstehen.

Tischset im Asia-Look

BASTELZEIT
45 Minuten

MATERIAL
- Bastelfilz in Schwarz, 1 mm stark, 45 cm x 30 cm und Rest
- Bastelfilz in Rot, 1 mm stark, 43 cm x 28 cm
- 2 Cannastäbe in Orange, ø 5 mm, 34 cm lang

VORLAGE SEITE 42

1. Den roten Filz so auf den schwarzen kleben, dass auf allen Seiten ein 1 cm breiter Rand entsteht.

2. Das Bambus-Motiv aus dem schwarzen Filzrest ausschneiden und aufkleben.

3. Links und rechts die Cannastäbe annähen. Dabei darauf achten, dass die Cannastäbe oben und unten gleichmäßig überstehen.

Serviettenring

BASTELZEIT
5 Minuten

MATERIAL
- Bastelfilz in Schwarz, 1 mm stark, 16 cm x 4 cm
- Bastelfilz in Rot, 1 mm stark, 15 cm x 3 cm
- Cannastab in Orange, ø 5 mm, 7 cm lang

VORLAGE SEITE 42

1. Das rote Filzstück so auf das schwarze kleben, dass ein gleichmäßiger Rand entsteht.

2. Die Schlitze nach Vorlage einschneiden.

3. Die beiden schmalen Enden des Filzstreifens übereinander legen und den kleinen Cannastab durchfädeln.

Zeitungsbox im Sixties-Stil

BASTELZEIT
120 Minuten

MATERIAL
- 2 Textilfilzplatten in Creme, 4 mm stark, 45 cm x 30 cm
- Textilfilzplatte in Schwarz, 4 mm stark, 45 cm x 30 cm
- 8 Pailletten in Schwarz, ø 5 mm
- evtl. Kreisschneider

VORLAGE SEITE 43

Tipp

Wenn die Box mit der Nähmaschine zusammengenäht wird, die Verbindungsecken am Boden am besten aussparen und zuletzt vorsichtig von Hand zusammennähen.

1. Vier cremefarbene und ein schwarzes Quadrat von 22 cm x 22 cm zuschneiden. In jedes cremefarbene Seitenteil mittig und 4,5 cm vom oberen Rand entfernt einen Halbkreis mit 3 cm Radius schneiden. Nach oben umklappen und mit einigen Stichen und einer schwarzen Paillette befestigen.

2. Vier schwarze Kreise mit ø 6 cm und vier cremefarbene mit ø 4 cm ausschneiden und aufeinander kleben. Zusammen mit einer schwarzen Paillette auf jedes Seitenteil als Mittelpunkt aufnähen.

3. Alle Teile so zusammenstecken, dass ein sichtbarer Saum von 5 mm übersteht. Alles mit der Maschine oder von Hand im Steppstich zusammennähen.

Blumenvasenhülle

BASTELZEIT
30 Minuten

MATERIAL

- Wollfilz in Hellblau, 2 mm stark, 20,5 cm x 30 cm (alternativ: 2 x 20,5 cm x 30 cm Bastelfilz, 1 mm stark, in Hellblau aufeinander kleben, um die Stärke von 2 mm zu erhalten)
- Textilfilz in Creme, 4 mm stark, 5 cm x 20,5 cm
- Bastelfilzreste in Dunkelblau und Türkis, 1 mm stark
- 2 Fertig-Filzblüten in Hellblau, klein
- Flasche, ø max. 7,5 cm

Tipp

Statt der fertigen Filzblüten können auch fertige Filzschmetterlinge verwendet werden.

1. Den Wollfilz mit der kurzen Seite zu einer Röhre einrollen, sodass die Seitenenden 1 cm überlappen, und verkleben.

2. Aus dem dunkelblauen und dem türkisfarbenen Bastelfilz jeweils zwei 3 cm x 3 cm große Quadrate ausschneiden und abwechselnd auf das cremefarbene Filzstück kleben. Auf die Rückseite des cremefarbenen Filzstücks der Länge nach mittig einen dünnen Streifen Heißkleber auftragen und dieses dann so auf die Filzhülle kleben, dass sich die Klebenaht der Filzrolle auf der gegenüberliegenden Seite befindet.

3. Die Filzblüten mit Heißkleber an der Filzhülle befestigen und die Hülle über die Flasche stülpen.

Sonnige Glasuntersetzer

BASTELZEIT
20 Minuten (pro Glasuntersetzer)

MATERIAL pro Glasuntersetzer

- Textilfilz in Gelb, 4 mm stark, 10 cm x 10 cm
- Rocailles in Orange und Transparent mit Silbereinzug, ø 2 mm

VORLAGE SEITE 43

1. Den Untersetzer nach Vorlage ausschneiden.

2. An jede Spitze eine orangefarbene Rocaille nähen.

3. Zusätzlich wie abgebildet sechs transparente Rocailles mit ca. 2 mm Abstand zum Rand auf die Spitzen nähen, jeweils drei auf jede Seite.

Tipp

Statt nur die Spitzen des Untersetzers zu verzieren, kann man auch den gesamten Untersetzer mit Rocailles umranden (siehe abgebildete Untersetzer hinten im Bild).

Schminktasche

BASTELZEIT
90 Minuten

MATERIAL

- Textilfilz in Pink, 4 mm stark, 45 cm x 30 cm
- 22 Hohlnieten in Silber, ø 5 mm
- 31 Hohlnieten mit Oberteil in Gold und Unterteil in Silber, ø 4 mm (Unterteil) und 6 mm (Oberteil)
- evtl. Befestigungswerkzeug für Nieten
- 3 Ösen in Gold, ø 4 mm
- evtl. Befestigungswerkzeug für Ösen
- Schnalle in Silber, 4 cm breit
- Phantomstift

1. Ein Stück von 32 cm x 26 cm aus der Filzplatte zuschneiden. Den Filz so falten, dass eine Tasche von 12 cm Höhe und mit einer Klappe von 8 cm entsteht. Mit Stecknadeln fixieren.

2. 1 cm von den Seitenrändern entfernt Linien mit dem Phantomstift aufzeichnen und auf diese mit 1 cm Abstand zueinander Punkte setzen. Die markierten Stellen lochen und die silbernen Nieten mit ø 5 mm anbringen.

3. Das 35 cm x 3 cm große Verschlussband zuschneiden. 7 mm von den Seitenrändern entfernt Linien einzeichnen und im Abstand von 2 cm Punkte setzen. Diese lochen und die Nieten so einsetzen, dass sich die gold- und silberfarbenen Nietenoberflächen abwechseln. Das Schnallenende spitz zuschneiden und im Abstand von 2 cm die Ösen anbringen. Das andere Ende durch die Schnalle fädeln, umklappen und mittig mit einer goldenen Niete befestigen.

ZARA

Glücksschwein-Anhänger

BASTELZEIT
15 Minuten

MATERIAL
- Textilfilzrest in Pink, 4 mm stark
- Bastelfilzrest in Hellgrün, 1 mm stark
- Karabinerhaken in Silber, 6,5 cm lang
- Satinband in Hellrosa, 3 mm breit, 10 cm lang
- Öse in Silber, ø 5 mm
- evtl. Befestigungswerkzeug für Ösen

VORLAGE SEITE 44

1. Das Schwein und das Kleeblatt ausschneiden.

2. Die Öse am Rücken anbringen und den Ring des Karabinerhakens durchziehen.

3. Das Satinband um den Hals legen, auf der Rückseite zu einer kleinen Schleife binden und vorne das Kleeblatt aufkleben.

Schlüssel-Elefant

BASTELZEIT
15 Minuten

MATERIAL
- Textilfilzrest in Grau, 4 mm stark
- Karabinerhaken in Silber, 6,5 cm lang
- Glöckchen in Silber, ø 1,9 cm
- Satinband in Bordeauxrot, 3 mm breit, 20 cm lang

VORLAGE SEITE 44

1. Den Elefanten ausschneiden. Die Ohren seitlich am Kopf ankleben.

2. Das Glöckchen auf das Satinband ziehen und mittig festknoten. Das Satinband durch den Ring des Karabinerhakens ziehen, um den Hals des Elefanten legen und verknoten.

3. Das Satinband zu einer Schleife binden.

Glitzernde Handtasche

BASTELZEIT
120 Minuten

MATERIAL

- fertig nassgefilzte Filzplatte in Hellblau, 4 mm stark, 1 x 29 cm x 48 cm, 2 x 9 cm x 20 cm und 2 x 3 cm x 24 cm
- 2 Plastik-Taschengriffe, oval, 12 cm x 16 cm
- verschiedene Rocailles, Stäbchenperlen, Glasschliff-Würfel und Acryl-Schliffperlen
- Nähgarn in Transparent

Tipp

Bei dieser Tasche kann man wunderbar Perlenreste aufbrauchen.

1. Das große Filzstück umklappen und beide 3 cm breiten und 24 cm langen Randstreifen so mit dem Steppstich annähen, dass ein 3 mm breiter Zierrand entsteht.

2. Die beiden 9 cm x 20 cm großen Filzteile um die Taschengriffe schlagen und direkt unter den Griffen mit dem Steppstich vernähen. Jeweils ein Griffstück mit der Vorder- und Rückseite der Tasche vernähen. Dabei zwischen Griff und Taschenrand einen Spielraum von 2 cm lassen und die Taschenteile zwischen beide Filzstücke des Griffteils setzen.

3. 3 cm Perlen nach Belieben auffädeln. Die Kette 5 cm vom oberen Taschenrand entfernt parallel mit einem Stich festnähen. Weitere Perlen auffädeln und die so entstandene Kette nach und nach festnähen. Mehrere unterschiedlich lange Perlenanhänger fertigen und an der Kette fixieren.

Edle Handyhülle

BASTELZEIT
120 Minuten

MATERIAL

- Wollfilz in Bordeauxrot, 2 mm stark, 5 cm x 28 cm und 2 x 2 cm x 12 cm
- Rocailles in Transparent mit Silbereinzug und Rot, ø 2 mm
- 3 Druckknöpfe in Silber, ø 6 mm
- reißfestes Nähgarn in Weiß
- Nähgarn in Transparent

1. Das große Filzstück so falten, dass die Vorderseite der Handyhülle 12 cm lang ist. Beide Seitenteile bündig mit dem Überwendlingsstich an die Vorder- und Rückseite nähen. Dabei bei jedem Stich eine transparente Rocaille mit auffädeln.

2. Die Druckknöpfe mit transparentem Nähgarn in einer Reihe an die Innenseite der Verschlussklappe nähen und die Gegenstücke auf die entsprechende Stelle an der Vorderseite setzen.

3. Beliebig viele Rocaille-Blüten auf die Vorderseite nähen. Dazu jeweils eine rote Rocaille als Mittelpunkt aufnähen und sechs transparente Rocailles um diese herum.

Tipp

Anstelle der Druckknöpfe kann auch ein Verschluss aus Satinbändern angebracht werden.

Schenken mit Herz

BASTELZEIT
45 Minuten

MATERIAL

- quadratische Pappschachtel, 11 cm x 8 cm x 11 cm, Deckelhöhe 1,7 cm
- Bastelfilz in Orange, 1 mm stark, 14,4 cm x 14,4 cm
- Bastelfilz in Weinrot, 1 mm stark, 44 cm x 6 cm
- Bastelfilzreste in Weinrot, Pink und Rot, 1 mm stark

VORLAGE SEITE 45

Tipp

Statt der zugeschnittenen Filzbänder kann man auch 2 mm bis 3 mm breite Satinbänder verwenden.

1. Den weinroten Filzstreifen unten um das Schachtelunterteil kleben. Beim orangefarbenen Filz aus jeder Ecke ein 1,7 cm x 1,7 cm großes Quadrat schneiden, um die Deckelecken am Rand auszusparen.

2. Die Herzen und Bänder nach Vorlage zuschneiden. Die Herzen mit den eingezeichneten Einschnitten versehen.

3. Den Deckel mit dem Filzzuschnitt bekleben. Durch den Filz und die Pappe des Deckels in die Mitte ein Loch mit ø 3 mm stechen. Den kurzen Filzstreifen zu einer Schlaufe verknoten und diese von unten durch das Loch ziehen. Die zugeschnittenen Bänder durch die Herzen fädeln, von oben durch das Loch im Deckel ziehen und von innen verknoten.

KLEINE FLASCHENHÜLLE

BASTELZEIT
50 Minuten

MATERIAL

- Textilfilz in Weinrot, 4 mm stark, 28 cm x 11 cm
- Bastelfilz in Rot, 1 mm stark, 20 cm x 30 cm
- Bastelfilzreste in Grün, Orange und Schwarz, 1 mm stark
- etwas Watte

VORLAGE SEITE 42+46

HOHE FLASCHENHÜLLE

BASTELZEIT
50 Minuten

MATERIAL

- Textilfilz in Weinrot, 4 mm stark, 30 cm x 28 cm
- Bastelfilz in Orange, 1 mm stark, 20 cm x 30 cm
- Bastelfilzreste in Grün und Schwarz, 1 mm stark

VORLAGE SEITE 42+46

Kleine Flaschenhülle

1. Die dicke Filzplatte mittig zusammenklappen und seitlich mit der Heißklebepistole so zusammenkleben, dass eine 5 mm breite Naht entsteht. Oben rechts die Hülle lochen.

2. Die Blütenteile ausschneiden. Den Blütenstempel mit etwas Watte füllen und unten mit Nähgarn zusammenbinden. Die Blütenstaubfasern aus einem Streifen von 10 cm x 4 cm herstellen. Diesen fransig einschneiden, um den Stempel wickeln und mit Nähgarn und zusätzlich mit der Heißklebepistole fixieren. Die Blütenblätter anordnen und mit einigen Stichen fixieren.

3. Die Blüte ca. 3 cm unterhalb des oberen Rands auf die Hülle kleben. Stiel und Blatt aufkleben. Ein 4 mm breites und 15 cm langes Filzband in Grün zuschneiden, durch das Loch ziehen und verknoten.

Hohe Flaschenhülle

1. Die Textilfilzplatte mittig zusammenklappen und seitlich mit der Heißklebepistole so zusammenkleben, dass eine 5 mm breite Klebenaht entsteht. Die Hülle oben rechts lochen.

2. Die Mohnblume wie bei der kleinen Hülle beschrieben anfertigen und auf die Hülle kleben.

3. Zum Schluss den 24 cm langen und 5 mm breiten Stiel (ohne Vorlage) und die Blätter aufkleben. Dabei die Blätter jedoch nur teilweise ankleben, sodass sie lebendig fallen. In das Loch ein 20 cm langes und 6 mm breites Filzband in Grün einfädeln und vorsichtig verknoten.

Tipp

Als hübsche Geschenkidee können Sie ein 6 cm x 3 cm großes Filzstück zuschneiden, beschriften, lochen und an das Band hängen.

Herzanhänger mit Blüten

BASTELZEIT
45 Minuten (je Herz)

MATERIAL pro Herz

- Bastelfilz in Rosa, Rot oder Gelb, 1 mm stark, 20 cm x 12 cm
- Bastelfilzreste in Weiß, Dunkel- und Helllila oder Lachs und Flieder
- Rocailles in Rot oder Rosa- und Perlmutttönen (Mischung), ø 2 mm
- Stickgarn in Weiß
- Füllwatte, 20 g
- Sticknadel

VORLAGE SEITE 48

1. Die beiden Filzzuschnitte für das Herz ausschneiden, aufeinander legen und zusammennähen. Eine kleine Öffnung lassen, durch diese das Herz wenden, füllen und die kleine Öffnung zunähen.

2. Mithilfe der Sticknadel das Stickgarn als Aufhängung durchziehen.

3. Einige Blüten ausschneiden und jeweils zusammen mit einer Rocaille als Blütenmittelpunkt aufnähen.

Tipp

Die Herzen und Blüten können Sie in den verschiedensten Farbkombinationen gestalten.

Hellblaue Karte

BASTELZEIT
15 Minuten

MATERIAL
- Textilfilzrest in Weiß, 4 mm stark
- Papier mit Vichy-Karo-Muster in Hellblau-Weiß, 20 cm x 13 cm und 7 cm x 7 cm (Papier hat eine gemusterte und ein unifarbene Seite)
- kariertes Baumwollband in Blau-Weiß, 5 mm breit, 8 cm lang
- Satinband in Hellblau, 3 mm breit, 15 cm lang
- Holzperle in Weiß, ø 6 mm

VORLAGE SEITE 47

1. Den Hund ausschneiden und den Aufhänger und das Auge lochen. Das karierte Band um den Hals binden und mit einer kleinen Schleife verschließen. Dann das Satinband durch das Loch ziehen, beide Enden durch die Holzperle fädeln und verknoten.

2. Das karierte Papier zuschneiden und in der Mitte knicken. Das Quadrat ausschneiden und mit der unifarbenen Rückseite nach vorne auf die Mitte der Karte kleben.

3. Den Hund am Aufhänger am oberen Kartenrand mit einigen Stichen festnähen.

Rosa Karte

BASTELZEIT
25 Minuten

MATERIAL

- Textilfilzrest in Schwarz und Creme, 4 mm stark
- Fertig-Filzherz in Rot, 4 mm stark, 3 cm x 3 cm
- Bastelfilzrest in Rot, 1 mm stark
- Maulbeerbaumpapierrest in Rot
- Maulbeerbaumpapier in Zartrosa, 20 cm x 10 cm
- Lederriemen in Rot, ø 2 mm, 10 cm lang
- extrastarkes Nähgarn in Rot
- kariertes Baumwollband in Rot-Weiß, 3 mm breit, 30 cm lang
- Holzperlen in Rot, 1 x ø 3 mm und 1 x ø 6 mm

VORLAGE SEITE 47

1. Hund und Halstuch zuschneiden. Das Halstuch lochen. Den Lederriemen durch das Loch ziehen, beide Enden durch die größere Perle fädeln und verknoten. Das Halstuch aufkleben. Einen Filzpunkt mit der Lochzange aus dem cremfarbenen Filz ausstanzen und in das zuvor eingestanzte Auge kleben.

2. Das rosafarbene Papier mittig falten. Einen 2,5 cm breiten und 10 cm langen Streifen aus dem roten Papier reißen und mittig auf die Vorderseite kleben. Das karierte Band um die Karte legen und mit einer Schleife schließen.

3. Durch das Filzherz extrastarkes Nähgarn ziehen, beide Enden durch die kleine Perle ziehen und verknoten. Den Anhänger mit einigen Stichen auf die Karte nähen.

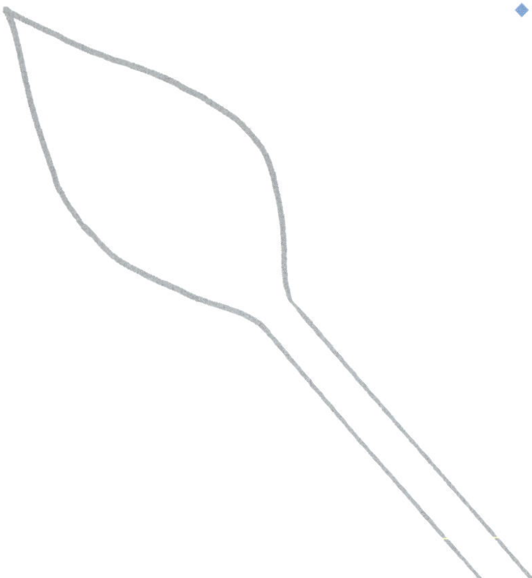

SEITE 12

Windlicht mit Paisley-Muster

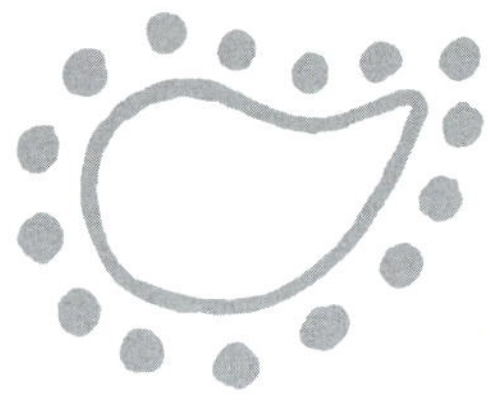

4 x

SEITE 6

Raffiniertes Notizbuch

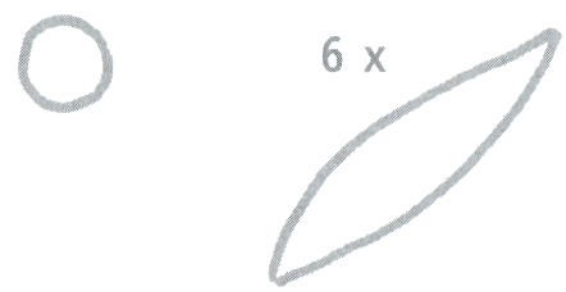

6 x

SEITE 9

Blumenkissen

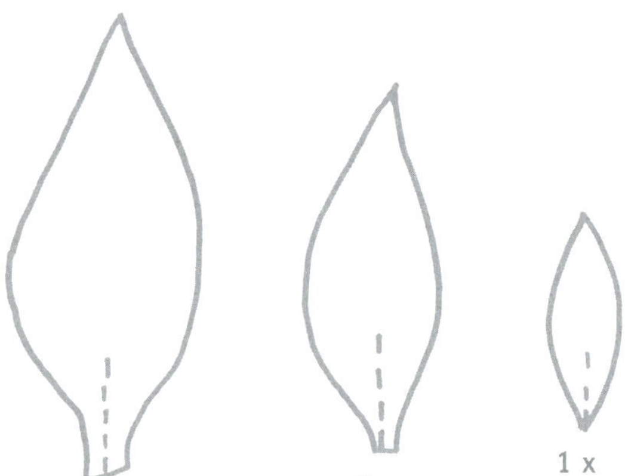

1 x

3 x

1 x

2 x

5-6 x

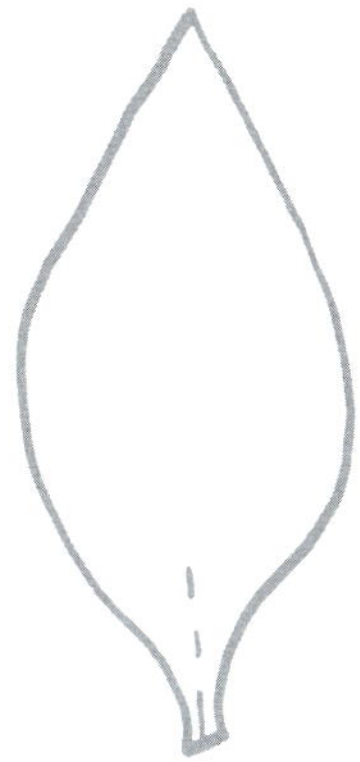

7-8 x

SEITE 10

Blüten-Box

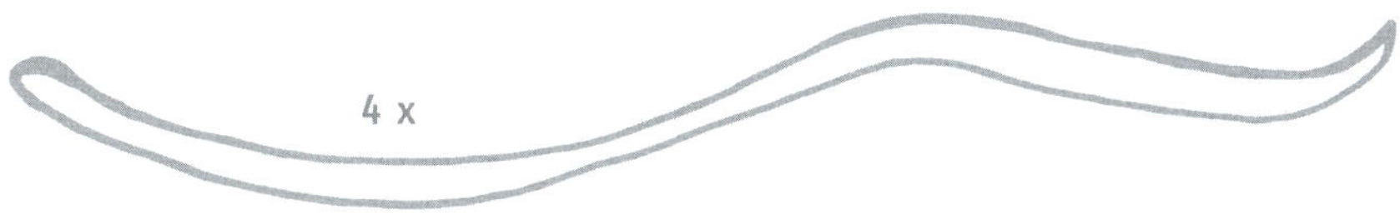

4 x

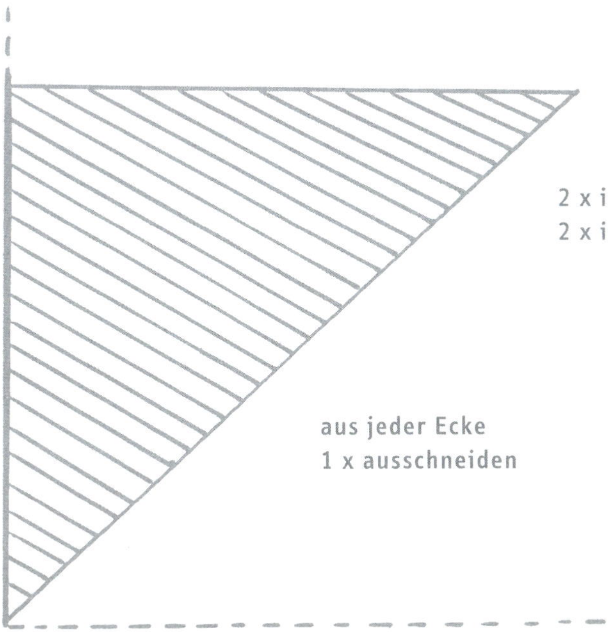

aus jeder Ecke
1 x ausschneiden

2 x in Lila
2 x in Gelb

2-3 x

SEITE 15

Tischset im Asia-Look

SEITE 32

Kleine Flaschenhülle

Hohe Flaschenhülle

SEITE 15

Serviettenring

◆ **SEITE 16**

Zeitungsbox im Sixties-Stil

◆ **SEITE 21**

Sonnige Glasuntersetzer

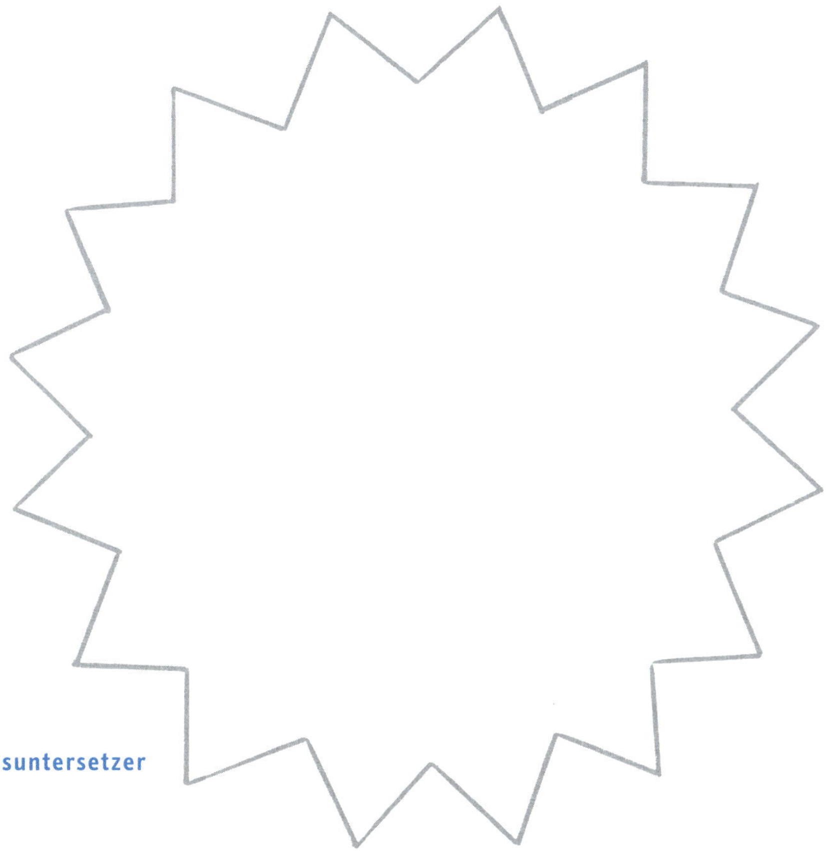

SEITE 24

Schlüssel-Elefant

SEITE 24

Glücksschwein-Anhänger

SEITE 30

Schenken mit Herz

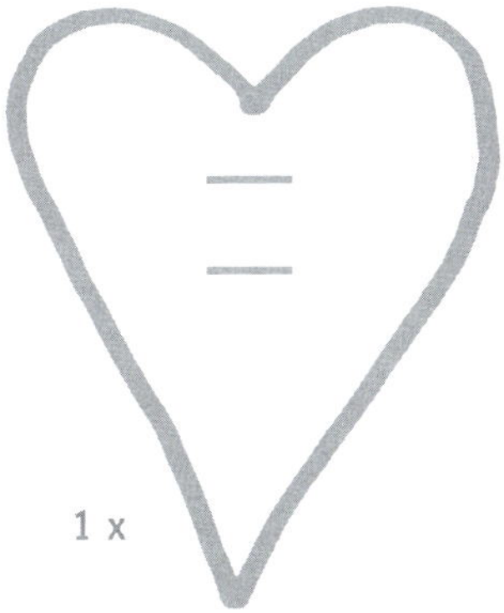

1 x

2 x

1 x in Weinrot

1 x in Orange

1 x in Weinrot

1 x in Orange

◆ **SEITE 32**

Kleine Flaschenhülle

Hohe Flaschenhülle

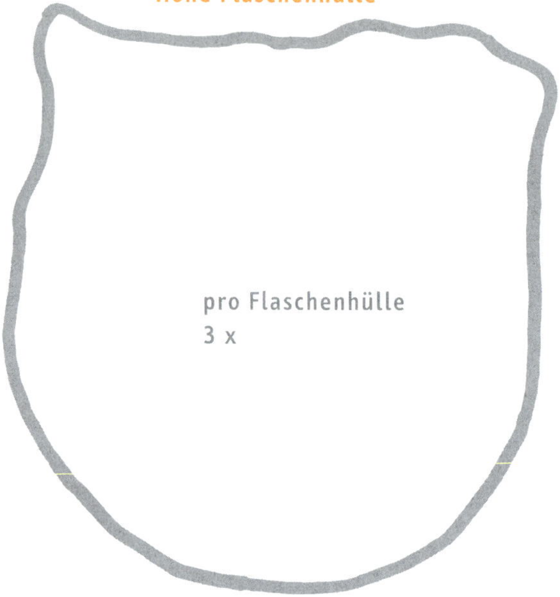

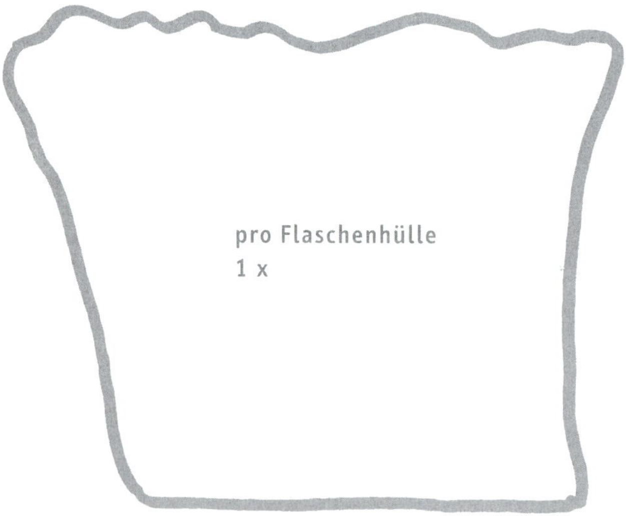

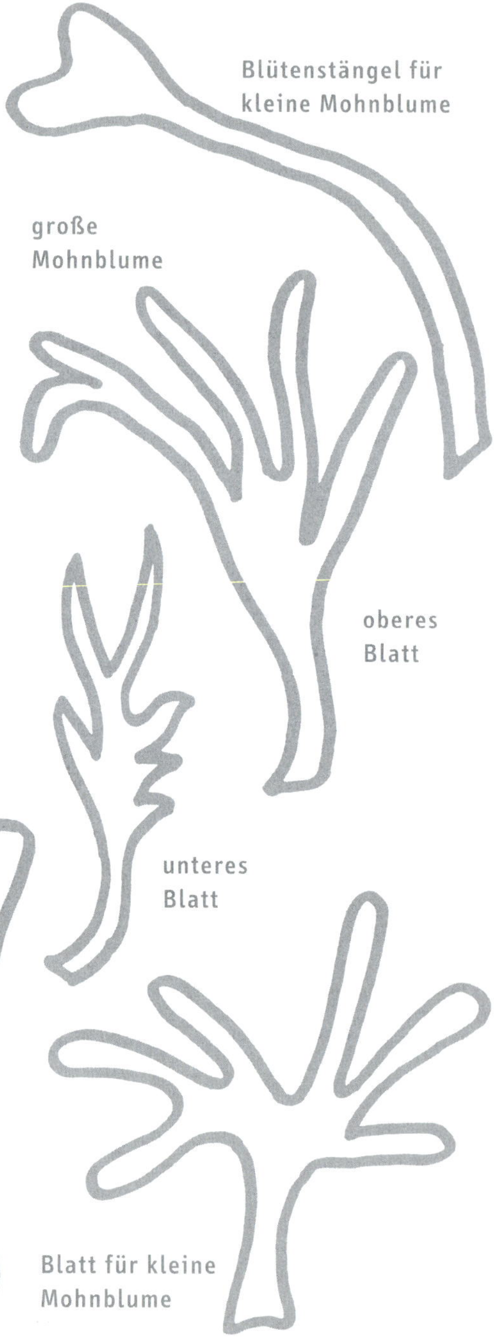

◆ **SEITE 36**

Hellblaue Karte

◆ **SEITE 38**

Rosa Karte

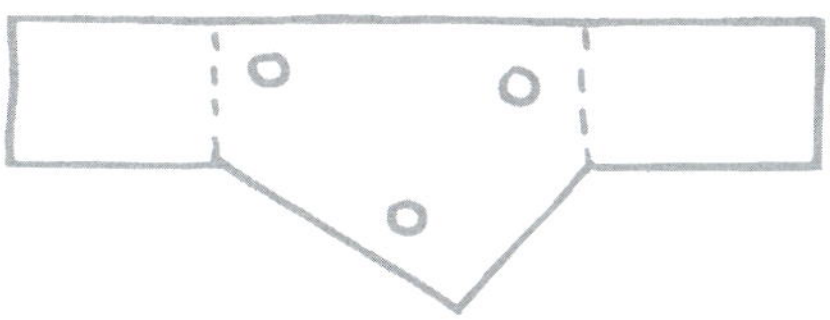

SEITE 34

Herzanhänger mit Blüten

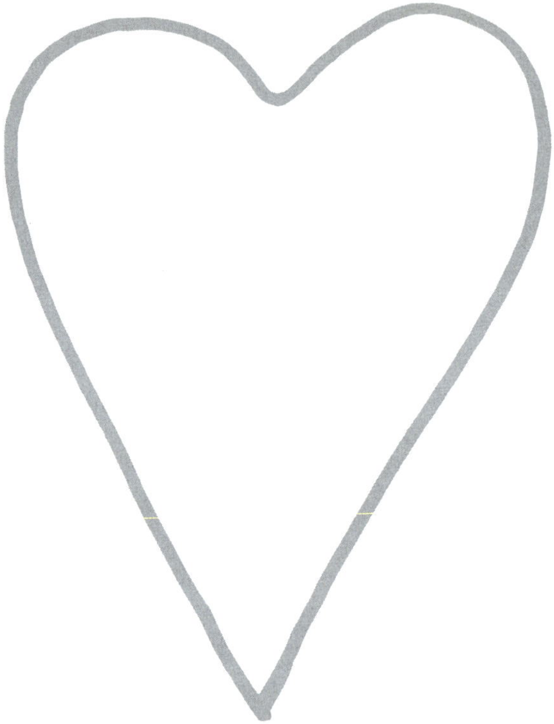

IMPRESSUM

MODELLE: Mariane Curkovic (S. 7, 13, 14, 19, 20, 25, 27, 29), Ute Krämer (S. 8, 11, 17, 23, 30, 32, 35, 37, 39)

DESIGN-ENTWICKLUNG: independent Medien-Design, 80538 München
FOTOS: frechverlag GmbH, 70499 Stuttgart; Fotostudio Ullrich & Co., Renningen
DRUCK: frechdruck GmbH, 70499 Stuttgart

Auflage:	5.	4.	3.	2.	1.	
Jahr:	2009	2008	2007	2006	2005	[Letzte Zahlen maßgebend]

ISBN 3-7724-5619-7